Friedrich Wilhelm Carl Pohl

Das Verhältnis der Philosophie zur Theologie

Friedrich Wilhelm Carl Pohl

Das Verhältnis der Philosophie zur Theologie

ISBN/EAN: 9783744629515

Hergestellt in Europa, USA, Kanada, Australien, Japan

Cover: Foto ©ninafisch / pixelio.de

Weitere Bücher finden Sie auf **www.hansebooks.com**

DAS.

DER PHILOSO

RO

INA

ZUR ERLANG   RDE

PH

PASTOR I   ND

NEUSTRELITZ
DRUCK DER HELLWIGSCHEN HOFBUCHDRUCKEREI
1893

Zu den geistig hervorragendsten Männern des Mittelalters, in denen sich wie in einem Brennpuncte das gesammte geistige Leben des Zeitalters concentrirt, und die daher auch mit prophetischem Blicke weit in die Zukunft hinausschauen, gehört ohne Zweifel der Franziscanermönch Roger Bacon. Er ist um das Jahr 1214 bei Ilchester in der Grafschaft Sommerset in England geboren und 1294 gestorben.

Von seinen Zeitgenossen wegen seiner geistigen Originalität nicht verstanden und daher angefeindet, geriet er für Jahrhunderte in Vergessenheit; erst die neuere Zeit fängt an, ihn aus der Vergessenheit wieder ans Licht zu ziehen und zu würdigen.

Zu einer vollen Würdigung der Eigenart dieses Mannes, der nicht mit Unrecht die Bezeichnung „doctor mirabilis" führt, werden wir jedoch nur dadurch gelangen, dass wir die geistige Entwicklung seiner Zeit und seine eigentümliche Stellung zu derselben zum Ausgangspuncte unserer Betrachtung machen.

Nachdem in den ersten sechs Jahrhunderten der Lehrinhalt des christlichen Glaubens von der Kirche zu festem dogmatischen Abschluss gebracht war, begann das anbrechende Mittelalter den Lehrstoff sich anzueignen und dem eigenen Geiste zu assimiliren. Die Scholastik bemächtigte sich des Kirchenglaubens, und mit Hülfe der anfänglich allerdings noch beschränkten Kenntnis der griechisch-römischen Philosophie — erst um die Mitte des 12. Jahrhunderts wurde das Organon des Aristoteles den Scholastikern · vollständig bekannt, und seit dem Anfang des 13. Jahrhunderts kannte man ausserdem die Metaphysik, die Physik, die Psychologie und die

Ethik des Stagiriten, — versuchte sie eine dialectische und systematische Reproduction und Begründung des überlieferten Dogmas. Indem man nun den Stoff mit dem Verstande zu begreifen, durch Definitionen und Kettenschlüsse klar und sicher zu stellen suchte, gewann der Stoff unmerklich eine ganz neue Gestalt.

Da das Streben der Scholastik so hauptsächlich auf dialectische Erfassung und Durchdringung, auf rationale Begründung und syllogistische Verteidigung des Dogmas ging, so könnte man die Religionslehre der Scholastiker nicht sowohl Theologie, als Philosophie, oder doch beides zugleich nennen. Was die Scholastik aber wesentlich von der Philosophie unterscheidet, ist die vorherrschende Anlehnung und Anknüpfung an die kirchliche Autorität und Tradition, an die unantastbare gegebene Lehrgrundlage. Die reine Philosophie erzeugt auch ihren Inhalt speculativ und bindet sich dabei an keine Autorität, sondern nur an die ihr selbst eingeborenen Normen des Denkens. —

Allmählich wurde so die rationale Erfassung der Kirchenlehre, anstatt Mittel zum Zweck, Selbstzweck, und das Dogma ging aus der Hand der Kirche in die Pflege der Schule über. Schon Anselm von Canterbury ist Scholastiker; viel prononcierter tritt jedoch uns die scholastische Lehrform bei Petrus Lombardus (magister sententiarum) entgegen. Ihren höchsten Glanzpunct aber erreichte die Scholastik im 13. Jahrhundert, als zur Kenntnis der logischen Schriften des Aristoteles, vermittelt durch arabische und jüdische Uebersetzer und Commentatoren, die seiner übrigen Schriften hinzukam. Während[1]) die naturphilosophischen und metaphysischen Schriften des Aristoteles noch im Anfang des 13. Jahrhunderts verdammt, dann zögernd erlaubt wurden, wurde schliesslich das Studium der aristotelischen Philosophie sogar gefordert und dem heidnischen Philosophen von der Kirche selbst das grösste Ansehen eingeräumt in Rücksicht aller natürlichen Erkenntnis. Die innige Verbindung, welche die Kirche des Mittelalters

---

[1]) Cuno Fischer, Geschichte der neueren Philosophie. Bd. I. pg. 65.

mit Aristoteles eingeht, ist innerlich dadurch begründet, dass
die Scholastik eines theologischen Naturbegriffs bedurfte. Man
versteht darunter die Anschauung, die Gott als den letzten
Grund und Zweck der Natur betrachtet und unter diesem
Gesichtspunct die Natur selbst als ein Stufenreich körperlicher
und lebendiger Formen, die von dem göttlichen Zweck abhängen, von ihm bewegt werden, in ihm sich vollenden.
Diesen Naturbegriff bietet die aristotelische Philosophie. Sie
ist um ihres heidnischen Geistes willen zuerst das bedenkliche,
dann um ihres theologischen Charakters willen das äusserst
willkommene Werkzeug, um eine Aufgabe zu lösen, in deren
Lösung die Kirche triumphiert. —

Trotz dieser äusserlich glänzenden geistigen Entwicklung
waren doch durch das herrschende System die Geister in
drückende Fesseln geschlagen. Eine freie Entwicklung der
Wissenschaft war nicht möglich, die herrschende Tradition
hemmte dieselbe und zwang die denkenden Geister formell und
materiell die alten ausgetretenen Bahnen zu wandeln. Es ist
das Verdienst Roger Bacon's auf diesen wunden Punct hin-
gewiesen zu haben. Er widerstrebte[1]) dem eben anschwellen-
den Strome der thomistischen Schule, und darin liegt seine
hohe Bedeutung, dass er deren Einseitigkeit erkennend, den
Bann zu durchbrechen suchte, der damals lähmend und er-
stickend die Geisterwelt gefesselt hielt.

In einem von Autoritäten und Ueberlieferungen abhängigen
Zeitalter[2]) versuchte er in mehr als einer Beziehung seine
eigenen Wege zu gehen und seinen Zeitgenossen, namentlich
auf dem Gebiete der Naturkunde neue Einblicke zu erschliessen.
Ohne die Wissenschaft durch Ermittelung neuer Methoden
fruchtbringender Forschung zu bereichern, wendete er doch
allem erfahrungsmässigen Wissen das lebhafteste Interesse zu

---

[1]) Joseph Langen: R. B. in der historischen Zeitschrift von Heinrich
von Sybel. 1883. pg. 439.

[2]) Dr. Carl Werner; die Psychologie, Erkenntnis- und Wissenschaftslehre
des R. B., Sitzungsberichte der philos.-histor. Klasse der Kaiserl. Akademie
der Wissenschaften zu Wien. Band 93. Jahrgang 1879. pg. 467.

und wies mit Energie und Nachdruck auf den Wert und die
eminente culturelle Bedeutung der experimentalen Forschung
hin; von Irrtümern und Vorurteilen nicht frei, griff er
ahnungsvoll über seine Zeit hinaus und schaute die folgen-
reichsten Entdeckungen und Erfindungen der neueren Naturkunde mit prophetischem Blicke voraus. —

Offenbar lag in Roger Bacon ein reformatorischer Zug.
Ist doch das das charakteristische Kennzeichen des Reformators, dass derselbe nicht nur niederreisst, sondern auch
aufbaut, nicht nur den Zeitgenossen das Auge öffnet für die
Krebsschäden der Zeit, sondern auch das Heilmittel für dieselben an die Hand giebt. Man könnte demnach versucht
sein, Roger Bacon die Bezeichnung eines wissenschaftlichen
Reformators zu vindicieren, da er wie Keiner vor ihm erkannte, dass die Wissenschaft einen breiteren Boden haben
müsse und dass sie sich ihre Resultate nicht a priori vorschreiben lassen dürfe. Dies ist allerdings nur die negative
Seite, aber in genialer Weise zeigt er sogleich positiv das
Heilmittel. Bacon zieht die Mathematik und Naturkunde aus
dem Dunkel ans Licht und will auf dieser Basis die gesammte
Wissenschaft regenerieren, auch weist er hin auf die eminente
Bedeutung des Studiums der alten Sprachen, namentlich des
Hebräischen, Griechischen und Arabischen.

Und doch ist Bacon ein Kind seiner Zeit. Während sein
Geist im kühnen Fluge Jahrhunderte vorauseilt und eine
Regeneration der Wissenschaft divinatorisch schaut und an-
strebt, wie sie sich, freilich Jahrhunderte später, thatsächlich
vollzogen hat, ist er doch innerlich gebunden an die traditionelle Richtung seiner Zeit, will er, dass Alles nur dieser
dienen soll, hält er im Herzen doch fest an der herrschenden
Autorität.

Bacon konnte sich innerlich von derselben nicht lossagen;
er war trotz seines genialen Freisinns durch und durch reli-
giös;[1]) Sittenstrenge und Energie spiegeln sich ab in seinen

---

[1]) Dr. Leonhard Schneider: R. B. Eine Monographie. Augsburg 1873.

Schriften. Wir werden allerdings später sehen, dass in Bezug auf die religiöse Gebundenheit Bacon's noch andere Factoren, z. B. die Rücksichtnahme auf die Machtstellung des Papsttums von Einfluss gewesen sind.

Auch war Bacon nicht frei von dem abenteuerlichen und phantastischen Zuge, welcher das gesammte Mittelalter charakterisiert. Roger Bacon ist seiner Zeit vielfach um Jahrhunderte vorausgeeilt, aber seine Zeit verstand ihn nicht, er stand zu vereinzelt da, als dass er hätte ein Reformator sein können, während auch das zum Reformator gehört, dass derselbe das, was in Aller Herzen als desiderium noch unausgesprochen und oft noch ungeklärt ruht, klar und siegreich zum Ausdruck bringt.

Und so ist Bacon für seine Zeit nur ein glänzendes Meteor am nächtlichen Himmel, das auf kurze Zeit das Auge blendet und dann in Nacht und Dunkel versinkt. Seine Zeitgenossen haben ihn der Zauberei beschuldigt,[1] seine Werke unterdrückt, seine Spuren zu verwischen gesucht, und doch hat die Wahrheit, die er offenbarte, nicht unterdrückt werden können, und die Nachwelt hat sich dem Einfluss derselben nicht entziehen können, wie Bacon selbst prophezeit.[2]

Wenn Clemens V. 1312 die Errichtung von Lehrstühlen für die hebräische, arabische und chaldäische Sprache an den Universitäten anordnet,[3] so ist dies ohne Zweifel dem nachwirkenden Einflusse Bacon's zuzuschreiben, zumal die Motivierung mit den Worten Bacon's geschieht. Wenn bald darauf an die Stelle der Fachschulen Universitäten treten, an denen alle Zweige des Wissens zu dem grossen Baume der Erkenntnis sich vereinigen, so ist dies die Realisation eines

---

[1] Op. maj. ed. Jebb pg. 249: Statim enim vocantur magici etc. vgl. Langen: R. B. p. 437.

[2] Op. maj. p. 13: nam renovantes studium semper receperunt contradictionem et impedimenta, et tamen veritas invalescebat, et invalescet usque ad dies Antichristi.

[3] Clement. V. 11.

Hauptgedankens Roger Bacon's.[1]) Die berühmtesten Männer
der folgenden Zeit, ein Dun Scotus, Wilhelm Occam, selbst
ein d'Ailly stehen auf seinen Schultern.[2])

Es ist merkwürdig, wie verschieden über Roger Bacon
geurteilt worden ist. Aus der Fülle von Urteilen möge uns
gestattet sein, nur einige wenige hervorzuheben. Schneider[3])
urteilt über Bacon folgendermassen: „Es erscheint unzulässig,
Roger Bacon zu einem Freigeiste oder antikirchlichen Gelehrten zu stempeln . . . . Mit Häretikern und Autoritäts-
stürmern wie Wycleff (!) etc., denen er an die Seite gestellt
wird, hat er nichts gemein. Ein Mann, welcher geradezu
erklärt, die Rectificierung der Wissenschaften müsse von Rom
ausgehen, wie zur Zeit der heiligen Väter, dann werde Friede
in Staat und Kirche (op. tert. pg. 84. cf. ibid. pg. 8), ein Ge-
lehrter, der das Autoritätsprincip so hoch hält wie Bacon, ist
weit entfernt von der Geistesrichtung jener Männer der sogenannten freien Forschung, die ihn so gerne zu den ihrigen
zählen möchten. Die einseitige Vernunftwissenschaft ist ihm
eine Chimäre (Comp. philos. 405), Roger Bacon ist Katholik
von positiver (!) Richtung, freisinnig und oft schwärmerisch
in seinen naturwissenschaftlichen Anschauungen, im übrigen
Scholastiker, wie u. A. aus seiner Maxime hervorgeht: „Credimus auctoritati, sed non propter eam intelligimus."

Schneider verkennt offenbar die scharfe Opposition Bacon's
gegen den herrschenden Scholasticismus und damit die ganze
Individualität dieses Mannes, stempelt ihn in sichtbar con-
fessionellem Interesse zum Katholiken vom reinsten Wasser
und erblickt in seiner Reaction nur eine harmlose naturwissenschaftliche Schwärmerei. Dagegen fällt Erdmann[4]) über Roger
Bacon das nachstehende Urteil: „Nicht fähig, wie Albert der
Grosse, den Zwecken seines Ordens seine naturwissenschaft-

---

[1]) Op. tert. ep. 4.
[2]) Cf. Langen: R. B. p. 438.
[3]) Monographie pg. 24.
[4]) Geschichte der Philos. Berlin 1866. I. 405.

lichen Liebhabereien zu opfern, hat Roger Bacon vielmehr
dem Studium der Weltweisheit und mehr noch der Welt selbst,
zuerst sein Vermögen, dann sein friedliches Zusammenleben
mit seinen Ordensgenossen, endlich seine Freiheit zum Opfer
gebracht. Man kann sich manchmal des Lächelns nicht er-
wehren, wenn man sieht, wie künstlich dieser personificierte
Wissensdurst sich selbst oder seine Leser oder auch beide,
zu überreden sucht, alles Wissen interessiere ihn nur um
kirchlicher Zwecke willen. Niemand hat es ihm geglaubt.
Die Nachwelt nicht, die ihn darum von den eigentlichen
Scholastikern zu trennen pflegt, die Mitwelt nicht, die ihm
als einen weltlich Gesinnten mistraute." Gegen dieses Urteil
Erdmann's wäre einzuwenden, dass es sich bei unserem Bacon
um mehr als um naturwissenschaftliche „Liebhabereien" handelt.
Warum er alles Wissen in den Dienst der Kirche stellen zu
müssen glaubte, werden wir ja später sehen. Günstiger lautet
das Urteil Alexander von Humboldt's. Er schreibt[1]): „In dem,
was unmittelbar auf die Erweiterung der Naturwissenschaften
gewirkt hat, auf ihre Begründung durch Mathematik und
durch das Hervorrufen von Erscheinungen auf dem Wege
des Experimentes, ist Albert's Zeitgenosse, Roger Bacon, die
wichtigste Erscheinung des Mittelalters gewesen." —

Wir haben im Vorstehenden versucht, in kurzen Zügen
das geistige Leben zur Zeit Roger Bacon's und seine eigenartige Stellung zu demselben anzudeuten, und gehen jetzt
dazu über, seine Anschauungen über das Verhältnis der Philosophie zur Theologie zu entwickeln. Soviel wir wissen, ist
dieses Thema bisher in der Litteratur über Roger Bacon
noch nicht speciell behandelt. Gerade aber durch eine solche
Untersuchung glauben wir die eigenartige Stellung Bacon's
am besten ergründen und die Beurteilung dieses Philosophen
erleichtern zu können.

Der Begriff der Philosophie bei Bacon deckt sich keines-
wegs mit unseren modernen Begriffen von dieser Wissenschaft.

---

[1]) Kosmos 2, 284.

Für ihn ist der Begriff der Philosophie ein unendlich viel
weiterer. Sie umfasst alle Zweige der Wissenschaft. Auch
die Theologie ist im Grunde nur eine Unterart der so ver-
standenen Philosophie, dennoch bezieht er alle anderen Teile
der Wissenschaft auf die Theologie.

Das Suchen nun nach dem rechten Verhältnis dieser beiden
Wissenschaften, der Philosophie und Theologie, zu einander
bildet für Roger Bacon offenbar die Hauptaufgabe seines
Denkens. Dabei tritt uns nun auch bei ihm jener wunderbare
Dualismus entgegen, den das bekannte Wort kennzeichnet:
„Mit dem Herzen ein Christ — mit dem Verstande ein Heide."

Unter dem seichten Strom der Scholastik ist, wie Flacius
im Catalogus testium veritatis nachweist, zu allen Zeiten ein
Strom der Wahrheit hingegangen. Auch Bacon sucht die
Wahrheit, eine Aussöhnung des rationalisierenden Verstandes
mit dem Kirchenglauben, eine breite Basis der gesammten
Wissenschaft. Sein Wissenschaftsideal ist aber kein anderes
als dieses: „Alle Wissenschaft muss in die christliche Theologie aufgenommen und zu dieser in Beziehung gesetzt werden."

Ob und wie weit dies überhaupt möglich, ist allerdings
eine andere Frage; doch hält man diesen Gedanken Bacon's
fest, so gewinnt man, unseres Erachtens, den einzig richtigen
Standpunct für eine objective Beurteilung unseres Philosophen.
Von hier aus erscheinen seine Bestrebungen im rechten Licht,
wird auch das scheinbar einander Widerstreitende in seinen
Gedanken, wenn auch nicht immer harmonisch geeint, so doch
wenigstens in seiner Tendenz verstanden.

Bacon weist der Theologie, seinem Wissenschaftsideal
entsprechend, eine dominierende Stellung unter den übrigen
Wissenschaften an. Op. min. pg. 332: Sunt vero septem
peccata studii principalis quod est theologiae, unum est quod
philosophia dominatur in usu theologiam. Sed in nulla facul-
tate extranea debet dominari et maxime hic ubi domina
scientiarum reperitur etc. Op. tert. pg. 53 ff.: Tota sapientia
philosophiae nihil est sine sapientia fidei Christianae. Op.
tert. cp. XXIV pg. 82: ut ostendam quod philosophia inutilis

sit et vana nisi prout ad sapientiam Dei elevatur, ut ei serviat absolute etc.

Fragment. de philosophia morali bei Charles 340: Sed theologia est scientia nobilissima. Alle den Menschen nützliche Weisheit ist in der heiligen Schrift enthalten. Op. tert. cp. XXIV pg. 81: Sic tota sapientia utilis homini continetur in sacris literis — — —. Op. maj. pg. 23: Volo in hac secunda distinctione unam sapientiam esse perfectam ostendere, et hanc in sacris literis contineri, de cujus radicibus omnis veritas eruitur — — —.

„Allerdings bedarf die Theologie auch der übrigen Wissenschaften und kann ohne sie keinen Erfolg erringen, aber auf ihren Wink und Befehl fallen die anderen Wissenschaften; es giebt nur eine vollkommene Weisheit, und diese ist in der heiligen Schrift vollständig enthalten, und zwar ist diese durch das canonische Recht und mittelst der Philosophie zu entwickeln, und die Auseinandersetzung der göttlichen Wahrheit geschieht durch diese Wissenschaften. Obgleich die Theologie mit den anderen Wissenschaften um die Wette fortentwickelt wird, so laufen doch alle Fäden der anderen Wissenschaften in der Theologie zusammen. Denn die gesammte Weisheit ist von einem Gott gegeben, für eine Welt und wegen eines Endzweckes." Op. maj. pg. 23.

„Wenn irgend ein Wissen dem in der heiligen Schrift enthaltenen widerspricht, ist es irrtümlich und hat nur den Namen Wissen." Op. maj. pg. 23: Si aliqua est sapientia huic contraria, erit erronea, nec habebit nisi nomen sapientiae.

Während so Bacon einerseits die Autorität der heiligen Schrift auf das stärkste betont und in derselben die Quelle und Norm aller Erkenntnis erblickt, auch infolge dessen der Theologie eine hervorragende Stellung unter den Wissenschaften vindiciert, ist er andererseits ein erklärter Feind jeder Autorität. Er beginnt sein grösseres Werk (opus majus) mit der Aufzählung der vier Hindernisse der Erkenntnis der Wahrheit. pg. 2: Quatuor vero sunt maxima comprehendae veritatis offendicula — — — viz. fragilis et indignae auctoritatis

exemplum, consuetudinis diuturnitas, vulgi sensus imperiti, et
propriae ignorantiae occultatio cum ostentatione sapientiae
apparentis. Das Haupthindernis erblickt er in der falschen
Autorität und bekämpft daher den Autoritätsglauben seiner
Zeit auf das Energischste. In scharfen, heftigen Ausdrücken
wendet er sich gegen die bisherige einseitige, traditionelle
Richtung in der Wissenschaft. Op. tert. cp. XXII pg. 69.
71. 72. cp. IX pg. 29. Jede Wissenschaft ist eine stetig
werdende. Compendii studii cp. V pg. 429: Nam nunquam
in aliqua aetate inventa fuit aliqua scientia sed a principio
mundi paulatim crevit sapientia, et adhuc non est completa
in hac vita. Aber anstatt sich mit den Dingen selbst zu be-
schäftigen, hört man die Ansichten Anderer über dieselben.
Daher ist es Pflicht, zu der Sache selbst sich zu wenden.
Nur dann kann man eindringen in das Verständnis der heiligen Schrift, wenn man den Urtext selbst vornimmt und ihn
in der Grundsprache studiert, nicht aber, indem man sich
begnügt, die Vulgata zu lesen oder irgend eine Glosse in die
Hand zu nehmen — Opus min. pg. 330. 348. 349 — eine
echt reformatorische Forderung, die 100 Jahre später von
seinem Landsmann John Wycleff erneuert und wieder 200
Jahre später als das Grundprincip der Reformation festge-
halten wurde.

Nur dadurch kommt man zum Verständnis des Aristoteles,
wenn man nicht die Erklärungen seiner Ausleger, sondern
den Grundtext selbst liest. Ueberhaupt kommt es darauf an,
alles das zu beseitigen, was sich der freien Forschung hemmend
in den Weg stellt; alles Traditionelle und Autoritative, welches
unser Urteil besticht und trübt, muss fallen, und der Forscher
darf auf nichts Anderes blicken als auf das Object seiner
Forschung.

Bacon ist ein Vertreter des psychischen Sensismus (vgl.
Werner, die Psychologie u. s. w. pg. 488), weil er alle cognoscitiven Thätigkeiten der menschlichen Seele als Apperceptionen
des in der sinnlichen oder übersinnlichen Wirklichkeit Ge-
gebenen fasst. Durch die cognoscitiven Thätigkeiten der

anima sensitiva appercipieren wir die sichtbaren Erscheinungen
der sinnlichen Wirklichkeit, durch die cognoscitive Thätigkeit
der intellectiven Seele die unsinnliche und unsichtbare Wirklichkeit, die uns im Lichte der ewigen Wahrheit gezeigt wird.
Bacon stützt sich damit auf Aristoteles, den er auch wohl
den Philosophen κατεξοχήν nennt, und den er hoch verehrt,
wenn er auch nicht ein blinder Anhänger desselben ist. Die
aristotelischen Grundgedanken bilden vielfach die Basis seiner
Deductionen. Nur darin folgt er diesem nicht, dass er
die intellective Seele als reines Formwesen, sondern sie wie
alles Geschaffene aus Materie und Form zusammengesetzt
ansieht.

Um aber[1]) zur wahren Erkenntnis der Dinge zu gelangen,
müsse man abgehen von dem bisherigen Wege der logischen
Construction und statt dessen den der empirischen Beobachtung
wählen. Bacon ist Empiriker, wenn auch nicht in vulgärer
Weise. Er ist durchaus fern davon, behaupten zu wollen,
dass die sinnlichen Wahrnehmungen niemals trügen. Ebenso
gut wie die logischen Schlussfolgerungen falsch sein können,
ebenso gut kann auch das Bild, dass ich durch die Sinne in
mich aufnehme, falsch sein. Man darf bei der empirischen
Beobachtung nicht bei den einzelnen Erscheinungen stehen
bleiben, sondern muss versuchen sie zu einem Ganzen zu
ordnen, d. h. man muss nach einer bestimmten Methode vor-
gehen und so das Gesetz aufzufinden suchen. Comp. stud.
pg. 397: Sed ad omnia scienda modus optimus requiritur.
Aristoteles vero in secundo Metaphysicae vult, quod modus
sciendi requiratur, antequam homo discat vel per se inquirat.
Malum enim est, ut ait, simul quaerere scientiam et modum
sciendi, qui primo quaerere debet modum, ut feliciter ad
scientiam perveniat. Was wir beobachtet haben, sollen wir
rationell verstehen, das so Verstandene aber soll durch die
Erfahrung als richtig bestätigt werden. Comp. stud. pg. 397:

---

[1]) Vgl. Reuter, Geschichte der religiösen Aufklärung im Mittelalter Bd.
I. V. Buch, pg. 68.

Nec ratio potest scire an sophisma vel demonstratio, nisi conclusionem sciamus experiri per opera. Mithin ist alles wahre Wissen im letzten Grunde ein methodisch-kritischer Empirismus.

Wie verhält sich nun dieser kritische Empirismus Bacon's zu seinen Aussagen über die Stellung der Theologie? Nicht die Philosophie, haben wir zu Anfang gesehen, sondern die Theologie soll die Herrin sein, und alle Weisheit, die den Menschen nötig ist, soll in der heiligen Schrift enthalten sein. Einerseits bekämpft Bacon principiell alle Autorität, andererseits fordert er sie speciell für die Theologie. Der Glaube ist in derselben das Erste, die Erfahrung das Zweite, das Begreifen das Dritte. Op. maj. pg. 465 cf. 160: Oportet primo credulitatem fieri, donec secundo sequitur experientia, ut tertio ratio comitetur — ein Grundsatz, den schon Anselm aufgestellt hat. Bacon wendet also die Consequenzen. des Empirismus nicht auf die Theologie an, und dadurch entstehen Reihen von Aussagen, welche sich diametral gegenüber stehen. Beispielsweise soll nach ihm die frei forschende Wissenschaft sich an keine Autorität binden, sondern in sich selbst ihre Norm und ihr Gesetz haben; daneben gehen her die Aussagen über die Unterordnung aller Wissenschaften unter die Theologie. Weiter heisst es bei ihm: die Wissenschaft müsse aus sich selbst heraus, mit Hülfe der methodischen Beobachtung, zu ihren Resultaten gelangen, die sie sich nicht a priori vorschreiben lassen dürfe; und daneben wird die heilige Schrift als die Quelle aller wahren Erkenntnis hingestellt, und zwar nicht nur etwa bloss auf dem Gebiete des Glaubens, sondern auch auf allen anderen Gebieten, z. B. der Naturkunde. Es werden auf diese Weise Gegensätze geschaffen, die scheinbar sich nicht vereinigen lassen. Man darf dieselben nicht einfach ignorieren, wie es z. B. Schneider thut, den hierbei offenbar confessionelles Interesse leitet, man darf dieselben aber auch nicht in ihrer ganzen Schärfe neben einander stellen. Man muss bedenken, dass Roger Bacon trotz seiner Erkenntnis von den hohen Aufgaben der freien Forschung doch zu sehr

innerlich und äusserlich gebunden war; Altes und Neues
rangen noch in seiner Seele miteinander. —
Da es nun nach Bacons ausdrücklicher Lehre eine doppelte
Wahrheit nicht giebt, so müssen wir eine Lösung dieser Frage
suchen. Hierbei wird es nötig sein, die Baconische Centralidee,
sein Wissenschaftsideal (cf. pg. 8), etwas näher zu betrachten.
Die richtig verstandene Lehre des Aristoteles vom thätigen
Intellect (intellectus agens) muss nach Bacon auf göttliche Erleuchtung zurückgeführt werden. Op. tert. cp. XXIII pg. 74:
et quia illud, quod illuminat mentes nostras, vocatur nunc a
theologis intellectus agens, quod est verbum philosophi in
tertio De Anima, ubi distinguit quod duo sunt intellectus,
scilicet agens et possibilis. Der intellectus agens, im Unter-
schied vom intellectus possibilis, wirke von aussen her auf
den menschlichen Intellect und bewirke die Umbildung der
sinnlichen Vorstellungen im Intellectivgedanken. Daher leitet
auch Bacon alle Philosophie aus göttlicher Offenbarung und
Erleuchtung ab. Ehe es Philosophen unter den Heidenvölkern
gab, hatte Gott alle Weisheit der Philosophie bereits den
Patriarchen und Propheten geoffenbart. Op. tert. cp. 24.
pg. 79 f.: Deinde probo quod tota sapientia philosophiae data
est a Deo, quia sancti patriarchae et prophetae a principio
mundi eam receperunt a Deo; quibus Deus dedit longitudinem
vitae. Von diesen haben die heidnischen Philosophen dieselbe
erhalten; Op. tert. cp. 24. pg. 80.: Nam philosophi habuerunt
haec omnia a sanctis Dei, wie Aristoteles, der grösste unter
ihnen, in seinem liber secretorum ausdrücklich bekenne. Im
op. maj. pg. 39 lässt Bacon den Avicenna die alttestament-
liche Schrift citieren und bemerkt pg. 38.: omnes philosophi
fuerunt post patriarchas et prophetas, et legerunt libros pro-
phetarum et patriarcharum, quisunt in sacro textu et similiter
alios libros, quos fecerunt tangentes Christi mysteria — — —.
Aber nicht blos auf dem Wege der Ueberlieferung, sondern
auch durch besondere Erleuchtungen sind dieselben zur Erkenntnis der philosophischen Weisheit gelangt; solche Erleuchtungen sind ihnen vielleicht noch mehr wegen uns Christen,

als um ihrer selbst willen zu teil geworden. Op. maj. pg. 39.:
Non est mirum, si Deus, qui in his minoribus illuminavit,
daret eis alia lumina veritatum majorum. Et si non princi-
paliter propter eos, tamen propter nos, ut eorum persuasio-
nibus mundus disponeretur ad fidem. Bacon spricht von
Graden der inneren Erleuchtung bis zu einem höchsten hinan,
bis zur Verzückung, und glaubt, dass die auf diesen Wegen
erlangten Erfahrungen nicht bloss der Theologie, sondern
auch den weltlichen Wissenschaften sehr zu gute kommen
müssten. Op. maj. pg. 446.

Die Offenbarung der Wahrheit, deren die Menschheit teil-
haftig geworden, reicht gerade so weit, als die Begabung
mit dem thätigen Intellect. Das Christentum ist die religiöse
Wahrheit, aber die edleren Philosophen des Altertums waren
bereits im Besitz dieser Wahrheit. Op. tert. cp. XV. pg. 54:
Quia haec fuit theologia eorum et per hanc credebant salvari, non per alias. Compend. stud. pg. 424: quia de eisdem
est lex Aristotelis et lex Christiana. Das Heil, welches Jesus
Christus der Welt gebracht hat, ist nichts Anderes als eine
Offenbarung der alten Wahrheit, die von Anfang an in der
Welt war, — die natürliche Religion. De philosophia morali
bei Charles 343: Nam hujusmodi veritates sunt necessariae
humano generi, et non est salus hominis nisi per notitiam harum
veritatum. Et ideo oportuit quod omnibus salvandis a principio
mundi essent hujusmodi veritates notae quantum sufficit saluti.

Diese natürliche Religion ist ihrem Hauptinhalte nach das
ewige, unabänderliche Sittengesetz. Compend. stud. pg. 427.:
Quilibet enim homo habet in corde suo unum magnum librum
de vitiis quae committit a juventute, et quae videt in aliis
fieri. Et similiter per contrarium percipit quilibet magnam
notitiam virtutum, quia eadem est scientia contrariorum, ut
Aristoteles dicit. Das Christentum hat zwar eine Erweiterung
gebracht — Comp. stud. pg. 424.: licet multa addantur in
lege Christiana, quae excellunt omnem humanam scientiam
in infinitum — nichtsdestoweniger hat das Christentum aus
der Philosophie sich anzueignen, was wertvoll ist; l. l : Lex

enim Christiana assumit quicquid dignum est in lege civili philosophica, nämlich das Gold der Weisheit und das Silber der Beredsamkeit. Mithin darf, um nicht zu sagen — muss das Christentum materiell und formell aus der Philosophie schöpfen. Bacon hat eine hohe Vorstellung in dieser Beziehung von den philosophischen Lehrdarstellungen (sententiae) und meint, dass dieselben Aufschluss geben über Gott, Trinität, Incarnation des Sohnes Gottes, Christus, die Jungfrau Maria, die Engel und Dämonen, das letzte Gericht u. s. w., eine Vorstellung, die uns wunderlich erscheinen mag, nach der Baconischen Centralidee, wonach die Offenbarung über die ganze Menschheit ausgebreitet ist — quoniam Deus dedit philosophis omnem veritatem l. l. — immerhin als consequent gelten muss.

Die Offenbarung ist, wie wir sahen, göttlich gewirkt und vollzieht sich durch die Erleuchtung des intellectus agens, mithin ist alle wahre Philosophie als von Gott inspiriert anzusehen, andererseits ist sie aber auch Product des menschlichen Geistes. Es kommt ganz auf den Standpunct an, den man bei der Betrachtung wählt. Von oben betrachtet erscheint alles als göttliche Offenbarung, von unten betrachtet als einfache Vernünftigkeit, was von dem einen Standpuncte aus als Theologie zu bezeichnen ist, erscheint von dem anderen als Philosophie. Mithin ist die Wissenschaft eine einheitliche. —

Der Vorrang der Theologie vor der Philosophie, den Bacon wiederholt, wie wir sahen, betont, ist von ihm nur im Interesse des Universums des Wissens, welches er erstrebt, statuiert, und ist auch nur gewissermassen eine Folie desselben. Theologie und Philosophie sind nach seinen Anschauungen im Grunde eins, Op. tert. pg. 83: ut totum fiat unum volumen, es ist dieselbe Wahrheit, die beiden Wissenschaften eigen ist. Der freisinnige Denker kennt im Grunde keine andere Autorität als die des freiforschenden Gedankens, und ohne Zweifel liegt ihm nichts ferner, als die weltlichen Wissenschaften der autoritativen Norm der Theologie unter-

zuordnen; aber der freisinnige Philosoph wurzelt gleichzeitig
noch zu tief im kirchlichen Bewusstsein seiner Zeit, als dass
er mit den kirchlichen Anschauungen derselben brechen
könnte. Ausserdem steht das Gebäude der Kirche ihm zu
machtvoll gegenüber, als dass er hätte wagen können, daran
offen zu rütteln. So sollen denn seine Deductionen ausgesprochenermassen nur dazu dienen, dieses Gebäude zu festi-
gen und zu verherrlichen, haben sie keinen anderen practi-
schen Zweck als den, die Massen zum Christentum zu führen,
wie er andererseits unter den Pforten dieses Gebäudes selbst
Schutz sucht und die Realisierung seiner Pläne und Ziele
durch die weltbeherrschende Macht des Papsttums erwartet.
Das zeigen seine Ergebenheitsbeteuerungen gegen seinen
Gönner Papst Clemens IV, in welchem er den Hort der gesammten kirchlichen Ordnung sieht. Sein religiöser Standpunct tritt auch darin hervor, dass er die offenbaren Irrtümer
des Averroës und Avicenna, welche ihm nach Aristoteles als
die höchsten Autoritäten auf philosophischem Gebiete gelten,
energisch bekämpft. So weist er den Emanatianismus des
Avicenna zurück und die Ansicht desselben Philosophen über
den intellectus agens, der denselben als höchsten Engel und
Schöpfer alles Creatürlichen auffasst. Op. maj. pg. 9 und 10:
Et procul dubio in libro de philosophia vulgata errores et
falsa continentur ut in undecimo Metaphysicae ponitur error
de mundi productione, in quo dicitur quod Deus propter in-
finitam unitatem, quam habet, et ne recipiat varietatem dis-
positionum non potest creare nisi unum, scil. angelum primum,
qui creavit secundum cum caelo primo, et secundus tertium
cum caelo secundo et ultra. Denn offenbar ist unserem Roger
Bacon der intellectus agens identisch mit dem göttlichen
Logos, durch den' alles geschaffen, wenn auch der aristotelische Ursprung der Bezeichnung intellectus agens unverkennbar und der weitere Gebrauch, welchen Bacon in seiner Theorie
von der allgemeinen Erleuchtung von demselben macht, im
engsten Zusammenhang mit der aristotelischen Anschauung
steht. Ebenso weist Bacon die · eschatologische Irrlehre

Avicenna's zurück, welche sich an die Apokatastasis des Ori-
genes anlehnt. Op. maj. pg. 10: cum in undecimo ponit omne
peccatum habere fines suae purgationis in alia vita et animas
peccatrices redire ad gloriam, manifeste errat. Die mit dieser
Irrlehre zusammenhängende Leugnung der Auferstehung wird
ebenfalls von Bacon abgewiesen.

Ueber das Verhältnis der Philosophie zur Theologie, ge-
schichtlich betrachtet, spricht sich Bacon dahin aus, dass die
Kirche von Anfang an die Philosophie vernachlässigt habe.
Der Grund hierfür liege nicht in der Philosophie, als ob
ihre Wahrheiten denen des christlichen Glaubens entgegen-
ständen, vielmehr liege dies an dem Misbrauche, der mit der
Philosophie getrieben worden. Thatsächlich sei die Philosophie vollständig für das Christentum angelegt und demselben nützlich, ja nötig. Op. maj. pg. 20: His igitur de
causis philosophia fuit ab ecclesia in principio et sanctis Dei
non solum neglecta, sed eis odiosa, non tamen propter aliquod, quod in ea continetur contrarium veritati. Nam licet
imperfecta sit respectu professionis Christianae, tamen ejus
potestas non est sectae Christi dissona, immo totaliter ad
eam disposita, et ei utilissima et omnino necessaria, sicut
omnes credunt, et certificabitur evidenter. Non igitur propter
aliquid malum philosophiae ecclesia Dei neglexit et reprobavit
eam a principio, sed propter abusores ejus, qui noluerunt eam
suo fini, qui est veritas Christiana, copulare.

Philosophie und Theologie, so führt Bacon weiter aus, sind
einander nahe verwandt, beide stammen aus derselben Quelle
der göttlichen Providenz, mithin ist die rechte Philosophie
nicht verschieden von der göttlichen Weisheit. Op. maj. pg. 24:
Quod autem philosophia non sit aliena a Dei sapientia, sed in
ipsa conclusa, manifestandum est. Si enim a philosophis
tanquam injustis possessoribus rapere debent Christiani utilia
quae in libris eorum continentur, sicut dicit Augustinus, patet
quod philosophia est condigna sacrae veritati. Et iterum in
libro, scilicet de doctrina Christi, dicit, quod philosophorum
aurum et argentum non ipsi instituerunt, sed de communibus

quasi metallis divinae providentiae, quae ubique est effusa,
eruitur.

Die Philosophie ist göttlichen Ursprungs. Op. maj. pg. 28.
Die Patriarchen und Propheten sind wahre Philosophen gewesen. Op. maj. pg. 30: Soli enim patriarchae et prophetae
fuerunt veri philosophi qui omnia sciverunt, non solum legem
Dei sed omnes partes philosophiae. Noah und seine Söhne
haben die Aegypter gelehrt. Die Patriarchen waren zugleich
die ersten Lehrer der Philosophen. Op. maj. pg. 31. Der
Zweck der Philosophie ist die Ergründung des Wesens und
der Eigenschaften der Dinge. Op. maj. pg. 29: Sed tota
philosophiae intentio non est nisi rerum naturas et proprietates
evolvere.

Philosophie und Theologie sind auf einander angewiesen,
und die eine Wissenschaft muss die andere ergänzen. Die
Theologie bedarf der Philosophie, und diese kann nicht ohne
die Theologie sein. Op. maj. pg. 37: Ex his sequitur ne-
cessario quod nos Christiani debemus uti philosophia in di-
vinis, et in philosophicis multa assumere theologica ut appareat
quod una sit sapientia in utraque relucens. Das Interesse
der Theologie und Philosophie geht demnach mit einander
Hand in Hand. Op. maj. pg. 156: Et si veritas philosophiae
laedatur, damnum infertur theologiae, cujus est uti potestate
philosophiae, non solum absolute, sed prout ordinat ecclesiam,
dirigit rempublicam fidelium, et juvat ad infidelium conver-
sionem praedestinatorum et reprobationem praescitorum.

Interessant sind die Ausführungen Bacon's in dieser Beziehung. Die reine Philosophie, so meint er, fühle innerlich
ihre Unvollkommenheit und das Unvermögen, zur vollen Erkenntnis durch sich selbst zu gelangen; dies sei nur möglich
durch Anlehnung an das Christentum. Op. maj. pg. 40: Scit
enim philosophia suas imperfectiones et quod deficit a plena
cognitione eorum, quae maxime sunt cognoscenda — —. Andererseits bedürfe die Theologie der Philosophie. Allerdings
die Glaubensartikel der Theologie sind ein Gebiet, welchem
die Philosophie fern zu bleiben hat — op. maj. pg. 41: Articuli

vero hujus fidei sunt principia propria theologiae — wohl
aber soll die Philosophie die Hand dazu bieten, die Wahrheiten der Theologie zu beweisen. Das Christentum hat die
Aufgabe, Weltreligion zu werden; dies kann jedoch nur dadurch geschehen, dass alle, die noch ungläubig sind, zum
Glauben geführt werden. Hierzu bedarf aber das Christentum
der Philosophie, da dasselbe nicht ausreichende Mittel besitzt,
erfolgreich Propaganda zu machen. Op. maj. pg. 41: Sed
non potest hoc probari infidelibus per legem Christi, nec per
auctores sacros, quia ex lege disputationis possunt negari
omnia quae in lege Christi sunt, sicut Christiani negant ea
quae in aliis legibus continentur. Zwei Möglichkeiten, von
der Wahrheit des Christentums zu überzeugen, giebt es nur,
die eine beruht auf den Wundern, welche von Gläubigen
und Ungläubigen in gleicher Weise anerkannt werden, eine
Möglichkeit, die jedoch ebenfalls ihre Schwierigkeiten hat;
die andere Möglichkeit bietet die Anwendung der Philosophie,
nach Bacon's Ansicht der einzig sichere Weg. Op. maj. pg. 41:
Persuasio autem fidei necessaria est, sed non potest hoc esse
nisi duobus modis, aut per mirabilia quae sunt supra fideles
et infideles, de quibus nullus potest praesumere viam communem fidelibus et infidelibus, aut per viam communem, sed
hoc non est nisi per philosophiam. Ergo philosophia habet
dare probationes fidei Christianae.

Bacon verwirft damit die Lehre der heiligen Schrift, dass
der Glaube aus der Predigt komme, und verkennt zugleich
die gesammte historische Entwicklung der Evangelisation.
Nicht das ewig kräftige Gotteswort, nicht die Thatsachen des
Heils sollen wirken, sondern die Philosophie allein soll die
Handhabe zur Ausbreitung der christlichen Wahrheit bieten —
ein Standpunct, der höchst befremdend erscheinen muss. Aber
wir müssen uns erinnern der eigentümlichen Aufstellungen
unseres Philosophen über das Wesen des Christentums und
über die Einheit der Philosophie und Theologie. Was positiv
am Christentum ist, ist von ihm aus demselben herausgeschafft;
er kennt im Interesse seiner wissenschaftlichen Universalidee

keine andere als eine natürliche Religion, einen grossen
Tempel, in dem die erleuchteten heidnischen Philosophen,
Muhamedaner und Christen gleichmässig Platz finden.

Nur indem wir uns dies ins Gedächtnis zurückrufen, werden
wir seine weiteren Ausführungen versteh n.

Es frägt sich nämlich nun: in welcher Weise soll die
Philosophie die ihr von Bacon gestellte apologetische Aufgabe,
von der Wahrheit des Christentums zu überzeugen, lösen?
Selbstverständlich nur auf dem der Philosophie eigenen Wege
der dialectischen Argumentation. Op. tert. pg. 20: Nam utilitas
philosophiae est respectu theologiae, et ecclesiae, et reipublicae,
et conversionis infidelium, et reprobationis eorum, qui converti
non possunt.

Op. tert. pg. 51: Et hic traditur probatio fidei Christianae
et sunt rationes hujus probationis in magna copia et pulcher-
rimae — —. Et hic tota philosophiae potestas concurrit, ut
per speculativas scientias et per practicas doceatur persuasio
sectae fidelis.

Die dialectische Argumentation bedarf nun einer Basis zu
ihren Operationen, die von beiden Teilen, den Christen und
Nichtchristen, als gemeinsamer Boden (via communis — op. maj.
pg. 41) anerkannt werden muss, und diese Basis ist allein
das Princip der Vernünftigkeit. Op. tert. pg. 103: Homo
arguit a natura sine difficultate et labore. Et hoc patet per
rationem — —. Sed hoc fieri non potest nisi per argumentum;
quia argumentum facit fidem de re dubia per assignationem
causae et rationis. Sed quod omnibus notum est, noscitur
naturaliter. Epistol. de secretis pg. 543: Nam in communibus
conceptibus animi concordat cum sapientibus — — sed in
communibus animi conceptionibus, sub lege omnium continetur,
et cum sapientibus concordat.

Es kommt nun darauf an, dass auf dieser natürlichen
Basis weiter gebaut wird, es gilt, die zu Bekehrenden ein-
zuführen in den Geist der alten Philosophie und sie auf diese
Weise mit den allgemeinen Vernunftwahrheiten bekannt zu
machen und sie zur Billigung derselben zu führen. Der wei-

tere Schritt wäre dann die Erkenntnis von der Unzulänglichkeit des menschlichen Wissens. Op. tert. pg. 69: Cogitavi
vero quod intellectus humanus habet magnam debilitationem
ex se, ut quilibet experitur. Diese Unzulänglichkeit beruht
in dem Behaftetsein mit den vier bekannten Fehlern, cf. pg. 9.
Nur Einer ist frei von diesen Fehlern, Jesus. Op. tert.
pg. 69: Quatuor vero sunt causae generales omnium malorum
nostrorum, et omnem statum a principio mundi corruperunt,
et omnem hominem quantumcunque sapientem (praeter Do-
minum nostrum Jesum Christum et Beatam Virginem). Hier-
aus ergebe sich dann von selbst die Wahrheit des Christentums, da dasselbe höher stehe als alle menschlichen Weisheits-
probleme und demnach die höchste Vernünftigkeit repräsen-
tiere. Op. tert. p. 53: sicut tota sapientia philosophiae nihil
est sine sapientia fidei Christianae. Nam sicut nos credimus,
quod omnis sapientia inutilis est, nisi reguletur per fidem
Christi — — —.

Beachten wir aber wohl, dass Bacon nach seiner ganzen
Anschauung damit dem Christentum durchaus nicht etwas
vindiciert, was über die allgemeine Vernunft hinausgeht, sondern einzig und allein dies als ein Plus der allgemeinen Vernünftigkeit ansieht. Jesus Christus hat ja nichts Neues gebracht, sondern nur die alte Wahrheit, welche von Anbeginn
der Welt da war, in vollkommenerer Form offenbart, und er
konnte dies, weil er frei war von den der menschlichen Natur
anhaftenden Schwächen. Der Vorzug der christlichen Religion
vor den anderen beruht demnach ausschliesslich in der höheren Vernünftigkeit.

Damit wird eo ipso der transcendentale Charakter des
Christentumes vollständig geleugnet. Wäre das Christentum
etwas, was über die menschliche Vernunft hinausginge, so
könnte es nicht Gegenstand des rationellen Erkennens sein,
und damit würde es auch nicht Gegenstand des Anerkennens
sein. Nach Bacon ist aber beides der Fall. Sowie der den-
kende Verstand zur Anerkennung des Christentums als der
höchsten Vernünftigkeit gekommen ist, hat er darnach zu

ringen, sich zu derselben zu erheben. Dies geschieht einfach durch die Kraft der Vernunft.

Man dürfte hier vielleicht fragen, welchen Zweck dies noch haben könnte, nachdem das Christentum seines wesentlichen Inhaltes entleert ist. Denn was schliesslich noch als christliche Wahrheit übrig bleibt, ist nichts als ein Schemen. Ausserdem bleibt uns Bacon den Nachweis schuldig, worin denn nun die höchste Vernünftigkeit der christlichen Religion bestehe. Etwa in der vollkommenen Sittlichkeit? Ist das Christentum überhaupt nichts Positives mehr, so erscheint auch der Nutzen der Erkenntnis dieser höchsten Vernünftigkeit mehr als problematisch. Allerdings schwebt nun unserem Philosophen ein practischer Nutzen der Philosophie im Dienste der Theologie vor. Der Kern und Stern der natürlichen Religion, welche Bacon allein kennt, ist das ewige, unabänderliche Sittengesetz. Heidentum und Christentum gehen zwar im Dogma auseinander, in der Moral aber sind beide nahe verwandt. Die Kenntnis des Sittengesetzes war im Heidentum in vollkommener Weise vorhanden. Die notwendige Consequenz ist, dass der sittliche Standpunct der heidnischen Philosophen ein ungleich höherer war als der der Gegenwart. Man lese nur die zehn Bücher über Ethik bei Aristoteles, sowie die ethischen Schriften des Seneca, Cicero und Anderer, und man wird zu der Erkenntnis gelangen, dass wir weit hinter ihnen in Bezug auf Sittlichkeit zurückbleiben. Op. tert. pg. 50: Mirum enim est de nobis Christianis, qui sine comparatione sumus imperfectiores in moribus quam philosophi infideles. Legantur decem libri Ethicorum Aristotelis et innumerabiles Senecae, et Tullii, et aliorum, et inveniemus quod sumus in abysso vitiorum, ut dicamus, „Gratia Dei ·salvavit nos". Summus enim Zelus castitatis et mansuetudinis, et patientiae, et constantiae, et omnium virtutum fuit apud philosophos. Cf. op. tert. pg. 393 f. Videamus omnes status mundi — — — ubique. Soll es besser werden, so muss die Philosophie helfen; sie kann es allein und zwar durch die Ethik. Die Ethik ist die edelste Wis-

senschaft und die eigentliche practische Philosophie. Op. tert.
pg. 53. 54: Nam sicut nos credimus quod omnis sapientia inutilis est nisi reguletur per fidem Christi, nec aliter apparet
ejus utilitas, sic aestimaverunt philosophi de tota philosophia
speculativa respectu istius practicae. Quia haec fuit theologia
corum et per hanc credebant salvari non per alias.

Nach Avicenna's Lehre (primo Artis Medicinae), auf welche
sich Bacon bezieht (Op. tert. pg. 48), werden zwar alle Wissenschaften in practische und speculative eingeteilt, aber die
Moral-Philosophie wird im eigentlichen Sinne als practische
bezeichnet, denn sie handelt von unseren Lebensthaten, von
Tugend und Laster, Glückseligkeit und Strafe. Die Ethik
führt zur wahren Sittlichkeit, da sie lehrt, wie man vernunft-
gemäss und tugendhaft leben müsse. Daher ist die Moral-
Philosophie der Endzweck jeder Philosophie. Op. tert. pg. 53 :
Et haec (philosophia moralis) est scientia optima, et respectu
cujus aliae non habent comparationem; quia haec sola docet
bonum animae. Caeterum isti omnes aliae sunt subjectae
et propter quam omnes aliae sunt inventae. Haec enim est
finis omnium et domina et regina. Die Erkenntnis des
Rechten ist die Voraussetzung des recht Handelns. Op. tert.
pg. 10: Ratio enim praevia est rectae voluntati. Man kann
weder das Gute thun, noch das Böse vermeiden, ausser
wenn man es erkannt hat. Es giebt keine grössere Gefahr
als den Mangel der Erkenntnis. Wer im Besitz der Erkenntnis dennoch das Unrecht thut, kann mit Hülfe der vor-
handenen Erkenntnis umkehren. Mithin ist der Besitz der
wahren Erkenntnis mit allen Kräften zu erstreben. Op. tert.
pg. 10: Non enim operamur bonum nisi scitum, nec malum,
nisi cognitum evitamus. — —. Qui enim veritatem novit, etsi
aliquando, quae agenda sunt, negligit, habet tamen, unde ad
conscientiam redeat, ut doleat de commissis et caveat de futuris.
Et ideo nihil est dignius studio sapientiae, per quam omnis ignorantiae caligo fugatur et mens humana illustratur — —.

Bacon ist der Ansicht, dass die blosse Kenntnis der ethischen Schriften der heidnischen Philosophen eine gewaltige

Umwälzung im sittlichen Leben eines Menschen zu bewirken
im stande sei, so dass der lasterhafte Mensch zum tugend-
haften werde. Als der schlimmste Fehler gilt unserem Philosophen der Zorn, im Gegensatz zu Aristoteles, der die Nei-
gung zum Zorn sehr milde beurteilt und meint, solche Nei-
gungen zu haben, liege ausserhalb des Gebietes des sittlich
Schlechten. Vom Zorne wird man nach Bacon's Ansicht be-
freit, wenn man nur aufmerksam die drei Bücher des Seneca
lese. Op. tert. pg. 50. 51: Nam non est homo in aliquo vitio
ita absorptus quin si legeret diligenter libros hos illud vitium
dimitteret — —. Unde cum pessimum vitium sit ira quia
omnem hominem et totum mundum destruit, non est homo
ita iracundus qui si videret diligenter libros tres Senecae quin
verecundaretur irasci.

Die Ethik, welche diese Erkenntnis schafft, hat demnach
die grösste Bedeutung. Von ihrem Studium hängt das Heil
der Welt ab, die Vernachlässigung dieses Studiums stürzt ins
Verderben. Wie das Studium, so das Leben des Menschen.
Op. tert. pg. 11: Nam qualis est homo in studio sapientiae,
talis est in vita. Aber man kann auch umgekehrt sagen:
die Reinheit des Lebens ist die erste Voraussetzung für jedes
Studium. Compend. stud. pg. 410: in malevolam animam non
introibit sapientia — — — nec in corpore subdito peccatis.
L. l. pg. 402.

Von Natur ist jeder Mensch mit Irrtum behaftet, ja er
widerstreitet der Wahrheit heftig, wenn ihn Eltern und Lehrer
unterweisen wollen.

Die Moral-Philosophie giebt dem Menschen erst den rechten Aufschluss über Ziel und Zweck alles Thuns, da dieselbe
die Norm (regula) alles menschlichen Handelns ist; mithin
sollte alles Thun im Einklange mit derselben stehen. Op.
tert. pg. 54: et ideo haec scientia deberet primo sciri ut homo
cognosceret ad quid et propter quid operaretur; quatenus haec
scientia est regula totius operationis humanae, ut nihil faceret
nisi secundum hanc scientiam.

Daher fordert Bacon auch die Aufnahme der Moral-Phi-

losophie in den Lehrplan des Unterrichts. Op. tert. pg. 54:
Et ideo a juventute deberet quilibet instrui saltem in univer-
sali in hac scientia.

Die Moral-Philosophie als philosophische Wissenschaft
wählt naturgemäss für ihre Deductionen den Weg logischer
Argumentation. Woher nimmt sie aber ihren Stoff? Nach
der bisherigen Darstellung wäre anzunehmen, dass die Moral-
Philosophie ihren Stoff aus dem ihr eigenen Gebiete des ra-
tionalen Erkennens nähme. Allein hier tritt uns dasselbe entgegen, was wir bereits als charakteristische Eigentümlichkeit
Bacon's kennen gelernt haben. Unser Philosoph wagt im
letzten Grunde nicht, die Philosophie von der Theologie zu
scheiden; die erstere, wenn sie auch durchaus selbständig
auftritt, soll doch auf der Theologie beruhen, ja, Philosophie
und Theologie sollen eins sein. So auch hier. Die Moral-
Philosophie soll ihren Stoff zumteil der Theologie entnehmen.
Das göttliche Gesetz, wie es im alten und neuen Testament zum
Ausdruck kommt, soll die Grundlage des Unterrichts in der
Moral-Philosophie bilden. Op. tert. pg. 54: Nam lex Dei deberet legi pueris, ut assuescerent semper ad veritatem fidei,
et maxime libri planiores et magis morales utriusque Testa-
menti. Nam primo est homo instruendus in iis quae perti-
nent ad salutem animae, ut semper assuescat proficere in
melius. Et propter hoc Judaei a juventute primo addiscunt
legem Dei.

Aber auch aus den Werken des Aristoteles, Avicenna,
Seneca, Cicero und anderer Schriftsteller, welche über Ethik
geschrieben, die aber zumteil schwer zugänglich seien, ist
die Moral-Philosophie zu schöpfen. Vor allem sind die ethischen Schriften des Seneca eine Fundgrube für das Studium
der Moral-Philosophie. Bacon stützt sich in dieser Beziehung
auf das Urteil des Boëtius und des Beda. Op. tert. pg. 54:
Et Boëtius in libro de Disciplina Scolarium docet quod pueri
primo instruendi sunt in libris Senecae; et Beda exponit quod
hoc dicit quia primo sunt docendi in moribus, quia libri Senecae sunt morales. Cf. op. tert. pg. 55.

Auch eifert Bacon gegen die Unsitte, dass statt dessen die Jugend mit den Fabeln und Thorheiten des Ovid vertraut gemacht werde, und meint, dass daher alle Verkehrtheiten im Glauben und in den Sitten stammen. L. I. pg. 55: ubi omnes errores in fide et moribus.

Man könnte hier fragen: genügt denn die heilige Schrift nicht als Quelle des Moralstudiums, dass heidnische Autoren herangezogen werden müssten, und wie verhalten sich beide Quellen zu einander?

Doch wir haben bereits gesehen, dass es für Bacon nur ein unabänderliches Sittengesetz giebt, welches in gleicher Weise dem Christentum und dem Heidentum eigen ist. Die Sittensprüche der heidnischen Weltweisen decken sich wunderbar mit denen der Schrift, denn es ist dieselbe eine göttliche Offenbarung, die in der heiligen Schrift und in der Philosophie zum Ausdruck kommt. Die ethischen Anschauungen der Schrift müssen conform sein denen der echten Moral-Philosophie. Welche Bedeutung kommt nun dieser in den Dienst der Theologie gestellten Baconischen Moral-Philosophie zu? Bacon legt unverkennbar den Schwerpunct der Moral-Philosophie in das rationelle Erkennen; ob aber das rationelle Erkennen der Tugend und des Lasters den Erfolg hat, den Bacon davon erwartet, nämlich dass man der Tugend sich hingiebt und das Laster meidet, ist mehr als fraglich. Die Erkenntnis dessen, was tugendhaft ist, wirkt noch lange nicht die Tugend selbst. Das blosse Wissen macht es nicht. Die Teufel wissen auch, dass ein Gott ist, und — erzittern.

Die Ethik Bacon's ruht ihrem inneren Wesen nach auf alt-griechischer Anschauung. Die alt-griechische Ethik, von Socrates begründet, von Plato ausgestattet und von Aristoteles zum Abschluss gebracht, schwebt offenbar unserem Philosophen als Ideal vor. Die Grundzüge der Baconischen Moral-Philosophie, soweit diese uns bekannt ist, finden wir bereits bei Socrates. Die Sittenlehre des Socrates wird rein a priori gefunden.

Das Böse folgt aus dem Irrtum. Der menschliche Verstand

kann irren, und das aus dem Irrtum folgende Thun ist das
Böse; ohne Irrtum gäbe es kein Böses, denn es ist schlechter-
dings unmöglich, dass ein Mensch das für gut Erkannte nicht
auch wollen sollte. Es kommt also nur darauf an, die Menschen zur Erkenntnis des Guten zu führen, so werden sie
auch tugendhaft handeln. Der Beweggrund zum Sittlichen
ist nicht die Liebe, sondern die Erkenntnis; belehren ist
bessern; der Philosoph ist auch der Tugendhafte, und nur
der Philosoph kann wahre Tugend üben; der Unwissende
ist auch unsittlich. Das γνῶθι σεαυτόν ist die Voraussetzung
aller Sittlichkeit, aber nicht in dem uns geläufigen Sinne,
dass es die Erkenntnis des zur Sünde neigenden Herzens
sei, sondern nur in dem Sinne einer Erkenntnis des logischen
Wesens des denkenden Geistes. Die Sittenlehre ist also einseitige Erkenntnislehre. Es giebt eigentlich nur eine Tugend,
und dies ist die Weisheit, d. h. das Wissen, und alle anderen
Tugenden sind nur verschiedene Gestalten dieser einen Tugend.
Diese allgemeinen Gedanken sind die wissenschaftliche Grundlage der folgenden Philosophie (Vgl. Wuttke, Handbuch der
christlichen Sittenlehre I pg. 40).

Wenn übrigens Socrates die Tugend in das Wissen setzt,
so meint er nicht ein blosses abstractes Wissen ethischer
Begriffe, sondern ein practisches Verstehen, wie der Künstler
sich auf seine Kunst versteht. Darum sagt er: Niemand kann
wissentlich böse sein! Auch ist noch zu beachten, dass er
das Princip des Gewissens, das Dämonium, das jeder Mensch
in sich hat, als etwas Warnendes geltend macht: ὅτι μοι θεῖόν
τι καὶ δαιμόνιον γίγνεται. Plato Apol. 31. D.

Der innere Gegensatz der griechisch-heidnischen, speciell
der aristotelischen und christlichen Ethik muss auf das
Schärfste betont werden, zumal der Einfluss der aristotelischen
Ethik sich in der christlichen Ethik bis in die neuste Zeit
geltend gemacht hat, und man kann wohl sagen, nicht zum
Vorteil der letzteren, die griechisch-heidnische Sittenlehre hat
nicht die geringste Ahnung von dem geschichtlichen Wesen
und der geschichtlichen Entwicklung der Sünde, von dem

Ernste des sittlichen Kampfes gegen die Sünde. Nach der heidnischen Sittenlehre ist die grosse Menge von Natur überhaupt unfähig zur wahren Sittlichkeit, während ein kleinerer Teil, d. h. die Philosophen, im Besitz aller Weisheit und Tugend ist. Die Sittlichkeit ruht nicht auf der Liebe, sondern in der Erkenntnis des Guten.

Der grösste Mangel der aristotelischen Sittenlehre ist das Zurücktreten des religiösen Charakters des Sittlichen. Das Sittliche steht für sich in voller Selbstgenügsamkeit da, eines anderen Grundes als seiner selbst nicht bedürftig; das Gute ist dies ohne Rücksicht auf Gott, ist an und für sich gut und zugleich die Macht seiner Verwirklichung.

Was nun den von Bacon (Op. tert. pg. 50) gerühmten hohen sittlichen Standpunkt der heidnisch-griechischen Philosophen betrifft, so ist dies eine Schwärmerei für etwas vermeintlich Ideales, welches thatsächlich jedes realen Hintergrundes entbehrt. Hat doch die flache deistische Aufklärerei den Socrates unter den Idealen neben Christum gesetzt. Wie beschaffen beispielsweise die Sittlichkeit eines Socrates war, der von sittlicher- und Familienliebe kaum eine Ahnung hat, dürfte hinlänglich bekannt sein. Man vergleiche nur seine Stellung zur Wollust (Xenoph. Mem. III. 11). Dasselbe gilt von Plato. Man vergleiche nur seine Stellung zum Eros. Anerkennung der Liebe in jeder Gestalt, selbst in der widernatürlichen Unzucht, ist dem Griechen so geläufig, dass Plato eine philosophische Begründung dafür versucht, die der griechischen Sittlichkeit keine Ehre macht. (Symp. pg. 181 ff. Phaedr. pg. 250 ff.)

Die scholastische Ethik, auch die Bacon's, leidet an dem Uebelstande, dass in ihr hellenisch-heidnisches und christliches Bewusstsein vermengt ist. Entweder musste aus dem christlichen Bewusstsein heraus die philosophische Gedankenarbeit hervorgehen, oder aber sie musste rein a priori sich entwickeln. So sehen wir wohl, dass überall der Versuch gemacht wird, die ethischen Vorstellungen der heidnischen Philosophie mit denen des Christentums zu assimilieren, aber das

schliessliche Resultat ist, wo nicht beide Elemente unvermittelt
neben einander gestellt werden, die Negation des positiv
Christlichen. — Wie die christliche Theologie einerseits Bacon's Apologetik
abweisen muss, so hat sie andererseits die Hülfe seiner Moral-
Philosophie abzulehnen. Hier wie dort hat die Theologie
sich mit ihren eigenen Waffen zu gürten. Die angebotene
Hülfe kann nicht anders als ein Eingriff in fremde Rechte
von ihr betrachtet werden. Wohl ist die Theologie dankbar
für die Hülfe der Philosophie, aber dieselbe muss auf christ-
lichem Boden stehen und aus dem christlichen Bewusstsein
herausgewachsen sein; ist sie aus einem anderen Geiste geboren, so kann sie naturgemäss nur in diesem wirken. —

Wie wir bereits (pg. 7 f.) sahen, umfasst nach Bacon die
Philosophie im Grunde alle Wissenschaften. So sind denn
auch Grammatik (= Sprachenkenntnis) und Mathematik nach
ihm Teile derselben. Beide stehen bei ihm auch in Beziehung
zur Theologie, sollen doch alle Wissenschaften im Dienste
der Kirche stehen und mitwirken an dem einen grossen Ziele
der Beseligung der Menschheit.

Betrachten wir zunächst das Verhältnis der Grammatik
oder Sprachkenntnis zur Theologie.

Die gelehrten Sprachen (linguae sapientales), in welchen
nach Bacon ebensosehr die Philosophen wie die Theologen
geschult sein sollten, sind ihm eine der Grunddisciplinen.
Ausser dem Lateinischen, welches selbstverständlich jeder Ge-
bildete verstehen muss, ist die Kenntnis der griechischen, hebräischen, arabischen und chaldäischen Sprache im Grunde
unerlässlich. Comp. stud. philos. p. 433: Prima igitur est
scientia linguarum sapentialium a quibus tota Latinorum sapientia translata est, cujusmodi sunt Graecum, Hebraeum,
Arabicum et Chaldaeum. Der Mangel einer gründlichen philologischen Bildung hat, wie Bacon nachzuweisen sucht, stets
eine nachteilige Wirkung auf das Verständnis der Bibel aus-
geübt. Der heilige Hieronymus hat zwar vorzügliche Sprachkenntnisse besessen, hat aber, weil er von seinen Zeitgenossen

als Fälscher betrachtet wurde, nicht gewagt, nach dem hebräischen Grundtexte richtig zu übersetzen und sich anderen Uebersetzern angeschlossen, dabei aber viel Falsches
stehen lassen, obgleich er eine richtige Uebersetzung hätte
geben können. Aber auch gegen seinen Willen sind ihm
Unrichtigkeiten untergelaufen. Hieronymus seinerseits wendet
sich gegen eine grosse Zahl früherer christlicher Lehrer,
denen er nachweist, dass sie die richtige Etymologie des
Wortes „Israel" nicht gekannt haben. Op. tert. pg. 92: Et
licet Beatus Hieronymus scivit linguas optime — — trans-
tulit contra veritatem. Comp. stud. pg. 435. 470 f. Selbst
das, was ursprünglich richtig übersetzt ist, ist später corrumpirt, weil es an Sprachkenntnissen fehlte, wofür der Text
der heiligen Schrift den Beweis liefert. Der grössere Teil
des weitverbreiteten sogenannten Pariser Exemplares ist nach
Bacon corrumpirt. Op. tert. pg. 92.

Während diese Art der Corruption doch nur der man-
gelnden philologischen Bildung zuzuschreiben ist, hat es andererseits auch nicht an absichtlichen Fälschungen von Seiten
der Juden und Araber gefehlt. Comp. stud. pg. 472: Cum
enim istis temporibus inimici Christianorum, ut Graeci, et
Arabes, et Hebraei habeant scientias apud linguas suas, non
concedunt Christianis libros veraces, sed detruncant et cor-
rumpunt omnes, et maxime quando vident homines indoctos
in linguis et scientiis praesumere de translationibus faciendis
— was von den heiligen, wie von den profanen Schriften
gleichmässig gelten mag.

Die Forderung einer philologischen Bildung von seiten
Bacon's ist offenbar eine durchaus berechtigte und auch in
unserer Zeit allgemein anerkannt. Zu Bacon's Zeit aber war
diese Forderung, von einzelnen Ausnahmen abgesehen, ein
blosses desiderium. Muss er doch comp. stud. pg. 428 f. kla-
gen, dass seit 40 Jahren — das comp. stud. ist 1271 geschrieben — das theologische Lehramt Männern übertragen
ist, die als unerfahrene Jünglinge in einen der beiden Orden
der Dominicaner oder Franciscaner eingetreten sind und ohne

Kenntnisse dem Studium der Theologie sich widmeten (quod nihil sciunt utile cum veniunt ad studium theologiae). Wie einerseits die so nötige Textkritik unmöglich ist ohne eine genaue Kenntnis der alten Sprachen, so dient dieselbe nach Bacon andererseits zur Feststellung des richtigen Schriftsinnes. Derselbe ist ihm ein doppelter, nämlich der Wortsinn (sensus litteralis) und der geistige Sinn (sensus spiritualis). Bacon will den Wortsinn stets in erster Linie festgestellt wissen, und die sprachgelehrte Bildung ist ihm das unerlässliche Mittel einer richtigen und sachgetreuen Interpretation. Allerdings soll nun die so gewonnene sachliche Auslegung nur dazu dienen, den höheren geistigen Sinn zu entwickeln. Op. tert. pg. 81 f. Nam in sensu litterali jacet tota philosophiae potestas, in naturis, et proprietatibus rerum naturalium, artificialium et moralium; ut per convenientes adaptiones et similitudines eliciantur sensus spirituales; ut sic simul sciatur philosophia cum theologia; quia philosophia nihil facit nisi explicare naturas et proprietates rerum naturalium, quae jacent in textu sacro a summis coelorum usque ad terminos eorum et artificialium; sicut pono ibi exemplum de Iride.

Den Weg, den Bacon zur Entwicklung des geistigen Sinnes aus dem Wortsinn einschlagen will, bezeichnet er durch die Worte: ut per convenientes adaptiones et similitudines eliciantur sensus spirituales. Den geistigen Sinn selbst giebt er op. maj. pg. 114 f. als einen dreifachen an, als einen moralischen, allegorischen und anagogischen. Aber wir vermissen eine bestimmte Regel über die Anwendung der convenientes adaptiones et similitudines. Bacon giebt uns hierüber keinen Aufschluss. Dies liegt in der Natur der Sache, denn die Manipulationen bei Eruirung des höheren geistigen Sinnes lassen sich nicht an bestimmte Regeln binden, sind vielmehr etwas durchaus Willkürliches, und der Phantasie des Interpreten sind in dieser Beziehung keine Schranken gezogen. Das Recht zur Vornahme von dergleichen Manipulationen, ja die Notwendigkeit derselben glaubt Bacon in der für ihn feststehenden Grundanschauung zu finden, dass in der heiligen

Schrift, also zunächst in dem sensus litteralis, die gesammte Wirkungsfähigkeit (potestas) der Philosophie beruhe. Und zwar sind es die Naturbegriffe der heiligen Schrift, welche den Ausgangspunct der philosophischen Speculation bilden (in naturis et proprietatibus rerum naturalium – –), denn das ist ja der Zweck der Philosophie, das Wesen und die Eigenschaften der Dinge zu ergründen. Op. tert. pg. 81: quia philosophia nihil facit nisi explicare naturas et proprietates rerum naturalium — — cf. Op. maj. pg. 29: Sed tota philosophiae intentio non est nisi rerum naturas' et proprietates evolvere.

Die Philosophie muss aber hierbei auf die heilige Schrift als Quelle recurriren, weil in derselben die Naturbegriffe besser aufgefasst sind, als die philosophische Arbeit, welche sie a priori construiren müsste, sie aufstellen könnte. Op. maj. pg. 29: quia longe certius ac melius et verius accipit scriptura creaturas quam labor philosophicus sciat eruere.

Der Naturbegriff, der so auf Grund der heiligen Schrift nach Bacon's Anschauung gewonnen werden soll, ist der sogenannte theologische Naturbegriff. Die Scholastik,[1] welche die natürliche Erkenntnis als Glaubensinstrument anerkannte, musste in folgerichtiger Weiterentwicklung ihres Systems auch die Natur zum Gegenstand ihrer Behandlung machen. Wie die mittelalterliche Kirche sich den Staat eingegliedert hatte, so musste dies auch mit dem Naturbegriff geschehen. Es war damit ein weiterer Fortschritt zu verzeichnen, denn das Gebiet der Natur stand bisher dem Reich der Gnade, in concreto der Kirche, indifferent, um nicht zu sagen feindselig, gegenüber. Der theologische Naturbegriff wurde demnach in der Weise constituirt, dass Gott als letzter Grund und Zweck der Natur angesehen wurde, die Natur aber (cf. pg. 3) als ein Stufenreich körperlicher und lebendiger Formen, die von dem göttlichen Zweck abhängen. Wir verstehen nun, weshalb Bacon alle Naturbegriffe auf die heilige Schrift zu gründen

---

[1] Cuno Fischer, Geschichte der neueren Philosophie. Bd. I. pg. 65. f.

sucht. Es kommt ihm darauf an, einen innigen Zusammenhang zwischen dem Reich der Gnade und dem Reich der Natur herzustellen, und zwar muss letzteres die Vorstufe dieses bilden, wie anderseits die Ordnungen im Reich der Gnade als die Vollendung der Ordnungen im Reiche der Natur hervorzutreten haben. Diese Anschauungen kennzeichnen die Bestrebungen des 13. Jahrhunderts. Ein Albertus Magnus, Thomas von Aquino und Andere haben in ihren Systemen diesen Gedanken zum Ausdruck gebracht, in eminent klassischer Weise ist dies aber Thomas von Aquino gelungen.

Bacon führt als Beleg dafür, dass aus der heiligen Schrift alle Naturbegriffe zu eruiren seien, mehrfach das Beispiel von der Iris an, und zwar findet er dieselbe erklärt in der dissipatio aquae humiditatis et diluviorum (Sündflut). Op. tert. pg. 83. Er gründet hierauf das Urteil, dass die heidnischen (infideles) Philosophen über manche Erscheinungen in der Natur unklare und mangelhafte Vorstellungen haben mussten, weil sie nicht die Kenntnis der heiligen Schrift besassen. Op. tert. pg. 83: Sed quia non habuerunt usum istius Scripturae ideo non potuerunt omnino venire ad certitudinem veritatis.

Immer wieder betont unser Philosoph die Notwendigkeit, auf die heilige Schrift als Quelle aller Erkenntnis zu recurriren. Er schreitet sogar zu dem Bekenntnis fort, dass er es für richtiger halte, von der Schriftwahrheit auszugehen als a priori zu philosophieren und auf Grund des so a priori gewonnenen Resultates gegen die heilige Schrift Kritik zu üben, obwohl er zugiebt, dass es auch philosophische Ausführungen geben könne, welche nicht auf die heilige Schrift gegründet werden könnten. Op. tert. pg. 83: Et hoc est melius sine comparatione quam facere volumina philosophiae secundum se, et postea iterum dilatare expositionem Scripturae per philosophiam. Non tamen nego quin aliquod scriptum philosophiae de quibusdam communibus debeat fieri, quae non possunt poni in explanatione Scripturae. Sed tamen illa debent anteponi, ut totum fiat unum volumen.

3

Wir lassen uns jedoch durch diese Auslassungen unseres Philosophen nicht bestechen, nachdem wir bereits seine innere Stellung zur Theologie kennen gelernt haben. — Wie die Sprachkenntnisse, so sind auch die Naturwissenschaften nach Bacon unerlässlich zum Studium. Die Naturwissenschaften behandeln die Natur und ihre Gesetze. Die Natur ist nach Bacon das Instrument der göttlichen Thätigkeit. Op. tert. pg. 100: quia natura est instrumentum divinae operationis. Alle Thätigkeit der Natur geht daher gewissermassen von Gott aus. Aber dies schliesst nicht aus, dass die Thätigkeit sich nach Naturgesetzen vollzieht. L. l. quod omnis operatio creaturae est quodammodo a Deo. Sed hoc non excludit quin operationes fiant secundum rationes naturales. Unter den Naturwissenschaften ist die Mathematik von besonderer Bedeutung, und Bacon weist dieser Wissenschaft eine hervorragende Stellung unter den übrigen an. Op. maj. pg. 57: Quoniam qui ignorat eam non potest scire ceteras scientias nec res hujus mundi. — — hujus scientiae notitia praeparat animum et elevat ad omnium certificatam cognitionem.

Er führt eine Reihe von Argumenten an, welche darthun sollen, dass die Mathematik in allen anderen wissenschaftlichen Erkenntnissen vorhanden ist und zu denselben als das denknotwendige prius sich verhält. Cf. Op. maj. pg. 60. 61. 62. 63.

Die anderen Wissenschaften gebrauchen, so führt Bacon aus, mathematische Beispiele, um die Evidenz von Thatsachen zu beweisen. Die Mathematik ist uns gewissermassen angeboren; sie ist von allen Teilen der Philosophie am frühesten erfunden; sie ist der natürliche Weg von dem Leichten zum Schwierigen, während sie selbst die leichteste Wissenschaft ist. Die Mathematik kann auch der Ungebildetste lernen, der in die übrigen Wissenschaften nicht einzudringen vermag; schon die Knaben vermögen sie zu erlernen und fangen damit an. In der Mathematik allein ist enthalten Gewissheit ohne Zweifel. Daher muss das Fundament aller Erkenntnis in der Mathematik gesucht werden, und alle anderen Wissenschaften müssen sich auf diesem Grunde aufbauen. Op. maj. pg. 63: Quare patet, quod in aliis scientiis debemus venire in certitudinem sine dubitatione, et ad veritatem sine errore, oportet ut fundamenta cognitionis in mathematica ponamus, quatenus per eam dispositi possumus pertingere ad certitudinem aliarum scientiarum, et ad veritatem per exclusionem erroris.

Ist so die Mathematik das Fundament aller Wissenschaften, so muss sie auch mit der Theologie in Beziehung stehen. Und in der That stellt Bacon diese Beziehung her und erhofft von dieser Verbindung der Mathematik mit der Theologie nicht geringen praktischen Nutzen für die letztere Wissenschaft. Es sind sieben Punkte, welche unser Philosoph anführt, in denen sich der Nutzen der Mathematik für die Theologie erweisen soll. Op. maj. pg. 112. 122. 132. 137. Wir wollen von diesen einige hervorheben.

Die Mathematik, so führt Bacon aus, giebt zuverlässige Aufschlüsse über alle Himmelsverhältnisse (notitia coelestium rerum). Es ist dies die mathematische Geographie. Ebenso giebt die Mathematik Aufschlüsse über die Lage der in der heiligen Schrift vorkommenden Oertlichkeiten (physikalische Geographie). Op. maj. pg. 189: Et haec cognitio locorum mundi valde necessaria est reipublicae fidelium. Ferner giebt uns die Mathematik Aufschlüsse über die verschiedenen biblischen Zeitberechnungen (de temporibus). Selbst die göttliche Trinität, so meint Bacon, sei durch die Mathematik zu beweisen, und zwar mit Hülfe geometrischer Figuren, durch Linien und Winkel. Op. maj. pg. 137: Quod data persona Dei patris necesse est trinitatem personarum aequalium exhiberi.

Was überhaupt an Schwierigkeiten die heilige Schrift enthalte, werde durch die Anwendungen der Mathematik beseitigt, selbst der Litteralsinn der Schrift werde durch die Mathematik festgestellt.

So hat denn die Mathematik nach Bacon's Anschauung einen eminenten Nutzen für die Theologie und dient eo ipso zur Versicherung unseres Glaubens. Denn da die Philosophie,

3*

welche doch allein durch rationale Erkenntnis sich leiten lässt,
für die Wahrheit der christlichen Religion bestätigend eintritt,
so erwächst damit den Gläubigen eine neue Glaubensgewissheit,
nicht jedoch so, wie Bacon hier vorsichtig einschaltet, als ob
man die rationale Erkenntnis vor dem Glauben zu suchen
hat, sondern der Glaube geht voran. Non quia quaeramus
rationem ante fidem, sed post fidem.

Wie nach innen hin eine Befestigung des Glaubens durch
die Mathematik gewirkt wird, so wird nach aussen hin durch
dieselbe Wissenschaft eine Schutzwehr gegen die Secte des
Antichrist aufgerichtet.

Op. maj. pg. 160: sed praemunimur contra sectam Antichristi, de qua simul cum secta Christi fit consideratio in
mathematica.

In hervorragender Weise steht nun die Astronomie, die
oberste der mathematischen Disciplinen, speciell die astrono-
mia judiciaria, in Beziehung zur Theologie und dient dazu,
die Wahrheit des Christentums zu bezeugen.

So[1]) bedeutet die Conjunction des Jupiter mit dem Saturn-
dem obersten und gleichsam ältesten der Planeten, die jüdische
Religion, die älteste aller Religionen, auf welche sich alle
anderen Religionen in irgend einer Weise zurück beziehen.
Die Conjunction des Jupiter mit Mars bedeutet die Religion
der feueranbetenden Chaldäer, die Conjunction mit der Sonne
die Religion der Aegypter, welche das von der Sonne be
herrschte Himmelsheer anbeteten, die Conjunction mit der Venus
den Muhamedanismus, der übrigens der Sache nach schon
vor Muhamed bestand. Die Conjunction mit dem Merkur
bedeutet die christliche Religion, die Conjunction mit dem
Monde aber die Religion des Antichrist. Op. maj. pg. 164:
Si Jupiter vero complectatur Lunae — — in fine mundi ad-
veniet. Die Lex Mercurialis gilt Bacon als das christliche
Religionsgesetz, weil der mythologische Charakter des Merkur
auf Prophetie, Glaube und Gebet Bezug hat. —

---

[1]) Vgl. Werner pg. 555 f.

Wir können hier die weiteren meist phantastischen Ausführungen Bacon's nicht verfolgen — man vergleiche Werner
a. a. O. — nur folgendes möge uns gestattet sein zu be-
merken: Die Grenze zwischen Astronomie und Astrologie ist,
wie wir dies bei dem mittelalterlichen Standpunkte Bacon's
auch nicht anders erwarten können, eine verschwindende.
Die abergläubischen Gebilde der Astrologie, an denen das
Mittelalter so reich ist, treten uns daher auch bei Bacon entgegen. Schon in den obigen Ausführungen finden wir sie,
aber auch sonst vielfach. So ist Bacon der Ansicht, dass die
siderischen Einflüsse auf das Leben und Geschick der Menschen von einschneidender Bedeutung sind. Am krassesten
tritt uns dies op. maj. pg. 87 entgegen, wo Bacon ausführt,
dass es schädliche Einwirkungen der Himmelskörper auf den
Menschen gebe. Vor allem schreibt er dieselben dem Monde
zu, aber auch die Lichtstrahlen des Saturn und Mars sind ver-
derbenbringend: Unde multi mortui sunt non caventes sibi
a radiis lunae. Et praecipue quando homo exponitur radiis
Saturni et Martis, quoniam isti duo inducunt laesionem magnam et corruptionem in rebus, ut experientia docet — eine
Vorstellung, die uns nach dem heutigen Stande der Wissenschaft nur ein Lächeln abnötigen kann.

Von eminenter Bedeutung aber ist der Grundsatz Bacon's,
dass die mathematisch-naturwissenschaftliche Methode auf alle
Disciplinen anzuwenden sei. Bacon führt damit, wie wir dies
schon früher zu constatieren Gelegenheit hatten, alles Denken
auf die wissenschaftliche Beobachtung zurück, letztere soll
ersteres beeinflussen. Nur das kann als gesicherte Beobachtung anerkannt werden, was mit dem Gesetz der Erfahrung
übereinstimmt. Die kritische Wissenschaft, die Methode der
exacten Forschung ist die höchste Instanz. Dieser Grundsatz
auf das Gebiet des Glaubens und der Theologie angewandt,
ergiebt die Consequenz: Man suche vorerst ein exactes Wissen
von der Welt und ihren Verhältnissen zu gewinnen und
schreite von dieser so gewonnenen sicheren Basis dann fort
zur Erkenntnis des Göttlichen. Zwar heisst es bei ihm, dass

die heilige Schrift die Fundgrube aller naturwissenschaftlichen Erkenntnis sei, im Grunde genommen aber besteht die Autorität der Schrift über die frei forschende Naturwissenschaft für Bacon nur pro forma, und muss man nach ihm ein exactes naturwissenschaftliches Wissen zur Erklärung der naturwissenschaftlichen Stellen der heiligen Schrift mitbringen.

Im letzten Grunde ist es eine selbständige naturwissenschaftliche Weltanschauung, die Bacon inauguriert, welche unabhängig von jeder Autorität, auch der der Kirche, und jeder Tradition nichts Geringeres im Auge hat als eine Reform der gesammten Wissenschaften. —

Als Unterabteilungen der Mathematik sieht Bacon die Rhetorik und die Musik an. Beide werden von ihm ebenfalls in Beziehung zur Theologie gesetzt.

Die Rhetorik teilt er ein in rhetorica docens und utens; die erstere fällt nach ihm in das Gebiet der Logik, die letztere in das der Moral-Philosophie. Op. tert. pg. 308. Die Rhetorik ist unserem Philosophen ein nicht zu unterschätzendes Hülftmittel der christlichen Predigt. Bacon äussert sich über die Predigt seiner Zeit in nicht gerade anerkennender Weise. Der letzte Zweck der kirchlichen Verkündigung ist nach ihm (op. tert. pg. 304) der, einerseits die Ungläubigen zum Glauben zu bekehren, andererseits die Gläubigen im Glauben und in der Moral zu erhalten. Beides werde nicht erreicht, da die Predigt jedes oratorischen Schmuckes und jeder Ueberzeugungskraft entbehre (omni carens ornatu rhethorico et virtute persuadendi). Hier könne, wie überall, die Philosophie helfen. Vor allem seien es die Logik des Aristoteles und die Commentare des Avicenna, in welchen die echte Rhetorik gelehrt werde. Aus ihnen könne man lernen, wie vollendete Predigten beschaffen sein müssten, sowohl inhaltlich als auch formell — tam in voce quam sententia. Die Seele müsse nach den Intentionen des Redners unaufhaltsam hingerissen und gezwungen werden, das Gute zu lieben und das Böse zu hassen, wie auch Alpharabius in seinem Buche „de Scientiis" lehre. Und nicht allein die Schönheit der äusseren

Form und die Erhabenheit der Gedanken (magnitudo divinae
sapientiae) sei zu fordern, es komme auch auf die Affecte,
Gesten, proportionierte Bewegung des Körpers an — eine
gewiss zu beherzigende Bemerkung Bacon's. Ausserdem er-
innert er an die Vorschrift der heiligen Männer, z. B. des
Augustin, dass der Prediger in der Einleitung _den heiligen
Geist für sich und die Gemeinde anrufe und — was uns
allerdings auffallend erscheinen würde — reichlich Thrä-
nen vergiesse. Wie man es aber erreiche, um von der Notwendigkeit, das Laster zu meiden und die Tugend zu üben,
zu überzeugen, sei beispielsweise aus den Büchern Seneca's
„de Ira" zu ersehen: bald müsse man Beispiele weiser Männer, bald Vernunftgründe, bald Autoritäten, bald Gleichnisse
aus der Natur und anderswoher anführen. —

Für uns sind diese Forderungen Bacon's, abgesehen von
einzelnen Sonderbarkeiten, selbstverständlich. Die christliche
Predigt der Gegenwart achtet sorgsam, wenn auch nicht ängst-
lich, auf die Gesetze der Rhetorik. Zu Bacon's Zeiten mag
es wenige gute Kanzelredner gegeben haben, obwohl auch er
einzelne nennt, z. B. den bekannten Berthold von Regensburg.
Op. tert. pg. 310.

Eins aber müssen wir den Ausführungen Bacon's entgegen-
halten: Der eigentliche Zweck der kirchlichen Verkündigung
ist und bleibt nach homiletischen Grundsätzen — die Er-
bauung. Zwar kann die christliche Predigt nicht jedes rhe-
torischen Schmuckes entbehren, aber die geistliche Beredsamkeit bedarf, im Gegensatz zur weltlichen, nicht so dringend
der Rhetorik; die weltliche Beredsamkeit sucht zu überreden
und bedarf daher eines viel grösseren oratorischen Apparates
als die geistliche, welche nicht zu überreden, sondern zu
überzeugen sucht. —

Wie die Rhetorik, so bringt Bacon auch die Musik in innige Beziehungen zur Theologie. Die Musik ist ihm aber
unzertrennlich von der Poesie. Nur derjenige ist nach seiner
Ansicht ein rechter Musiker, der gleichzeitig die Gesetze der
Metrik und Rhythmik kennt.

Die Kunst der Musik stellt Bacon in den Dienst der
Kirche und erhofft für letztere aus dieser Beziehung einen
eminenten Nutzen. Op. tert. pg. 295: Tertium quod exigitur
ad usum ecclesiae consistit in modo legendi, et psallendi, et
componendi ea quae necessaria sunt officio divino. Et hic
quicquid superius dictum est pro studio theologiae, de accen-
tibus et longitudinibus et brevitatibus in penultimis, de metris
et rhythmis, plus habet hic locum quam in studio.

Bacon vertritt die Ansicht, dass die Musik von der grössten
Wirkung auf das menschliche Gemüt sei, und dass durch die
Macht der Musik die Seele zu allen Graden der Anbetung
hingerissen werden könne. Op. tert. pg. 298: quod ad omnem
gradum devotionis, quem vellemus, excitaretur. Allerdings
vernotwendige sich die Erfindung zweckentsprechender Musik-
instrumente. Schon die Patriarchen und Propheten hätten
durch die Wirkung der Musik die rohen Massen zur Anbetung
gebracht. Der Prophet Elias habe durch die Harfe sich zur
Andacht gestimmt und zur Entgegennahme der göttlichen
Offenbarung vorbereitet. Der heilige Franziscus habe dem
Zitherspieler befohlen, leiser (dulcius) zu spielen, damit sein
Geist für die himmlischen Harmonien gestimmt werde. Die
ganze Natur des Menschen ändere sich unter dem Einfluss
der Musik, die Sitten würden gebessert, Krankheiten des
Leibes geheilt, das Gemüt beruhigt, selbst Geisteskrankheiten
gehoben. Als Autoritäten für diese Behauptungen führt Bacon
den Boëtius und Avicenna an. Letzterer empfehle in seiner
Ars Medicinae die Uebung des Gesanges als das beste Ge-
sundheitsmittel. Op. tert. pg. 399. Was die alten Dichter
von der Macht des Gesanges nicht blos über die Leiden-
schaften der Menschen, sondern auch über die wilden Tiere
gefabelt haben, nimmt anscheinend unser Philosoph als ge-
schichtliche Thatsachen an, da er ähnliche Beispiele aus der
eigenen Erfahrung anführt. Op. tert. pg. 300: Certe raperentur
bruta in omnem voluntatem nostram, ut manu caperentur,
stupefacta et oppressa nimia suavitate. Et similiter hominum
animi in quemlibet gradum devotionis raperentur, et in plenum

cujuslibet virtutis amorem excitarentur, et in omnem sanitatem
et vigorem. Unbestritten hat die Musik eine wunderbare
Macht über die Gemüter, und Manches von den Ausführungen
Bacon's ist ohne Zweifel begründet. Die katholische Kirche
hat auch zu allen Zeiten in ihrem Cultus, welcher in weit
höherem Grade der Sinnlichkeit Rechnung trägt als der
nüchterne evangelische, besonderes Gewicht auf Gesang und
Musik gelegt. Aber wenn Bacon von dem tieferen Eindringen
in die Geheimnisse der Musik eine so gewaltige Umgestaltung
aller Lebensverhältnisse erhofft, so ist dies ein schwärmerischer
Idealismus, den wir nicht zu teilen vermögen. —
Wir stehen am Schluss unserer Betrachtungen über das
eigenartige Verhältnis, in welches Bacon die Philosophie zur
Theologie treten lässt; doch wir können nicht schliessen, ohne
vorher noch einen kurzen Blick auf die eigentümliche Stellung
unseres Philosophen zu werfen.

Obwohl Roger Bacon principiell mit dem herrschenden
System des Scholasticismus gebrochen hat, ist er doch anscheinend vom Scholasticismus nicht frei gekommen. Ein
charakteristisches Merkmal desselben ist die Anlehnung und
Anknüpfung an die kirchliche Autorität. Auch Roger Bacon
stellt die gesammte Wissenschaft in den Dienst der Kirche;
sein practisches Ziel ist ausgesprochenermassen, dass alles
Wissen und Erkennen dazu dienen soll, die Kirche fester zu
gründen, das Reich der Gnade auszubreiten. Das ist gewissermassen der goldene Faden, der durch seine Werke
sich hindurchzieht, das der Ausgangs- und Endpunct seiner
Doctrin.

Daneben tritt uns bei ihm ein kühnes Geistesringen entgegen, das Streben, die Wissenschaften von den bisherigen tradi-
tionellen Ketten zu befreien und sie auf eine breitere Basis
zu stellen. Das Recht der freien Forschung wird von ihm
gefordert. Die Wissenschaft darf sich ihre Resultate nicht
a priori vorschreiben lassen. Nicht auf dem bisherigen Wege
des logischen Construirens, sondern auf dem der empirischen
Beobachtung findet man die Wahrheit. Die Beobachtung

aber muss sich durch die Methode regulieren und zur Feststellung des Gesetzes führen. Das Beobachtete soll rationell
verstanden, das Verstandene wiederum durch die Erfahrung
bestätigt werden. Ein methodisch-kritischer Empirismus, wie
er durch die mit der Mathematik verbundene exacte Naturwissenschaft gefördert wird, das ist der wissenschaftliche
Standpunct unseres Philosophen. Von diesem Grunde aus
sucht er in genialer Weise eine Reform der gesammten Wissenschaft anzubahnen. Das Recht einer selbständigen naturwissenschaftlichen Weltanschauung ist das letzte Ziel der
Baconischen Philosophie. Die religiöse Weltanschauung war
damit aufgehoben. Bacon griff nicht das Dogma der Kirche
an, aber an die Stelle der Glaubenssätze trat bei ihm naturgemäss die philosophische Ethik; die Anschauung, dass
Heidentum und Christentum im Grunde eins, weil auf derselben Offenbarung ruhend, und vielleicht nur graduell verschieden seien, war die letzte Consequenz seines Systems.
Alles, was er sonst vorbringt über die Suprematie der Kirche
und der Theologie, alles, was er von dem Nutzen der Philosophie für die Theologie redet, kann nur cum grano salis
verstanden werden, ist eine Concession an die öffentliche
Meinung, eine captatio benevolentiae gegenüber dem Macht-
institut der Kirche.

Jedenfalls finden wir bei ihm einen Dualismus, wie er
ausgeprägter wohl kaum auftreten kann, und es ist im letzten
Grunde irrelevant, ob man denselben, wie wir es gethan, als
durch eine gewisse innere Gebundenheit, oder durch äussere
Rücksichtnahme hervorgerufen ansieht.

Die religiöse und natürliche Weltanschauung sind bei ihm
nicht ausgeglichen. Seine Anschauungen über das Verhältnis
der Philosophie zur Theologie sind zwar durchaus genial, aber
innerlich unhaltbar.

Bacon's Philosophie wurzelt in der aristotelischen, welche
seiner Zeit überhaupt das Gepräge aufdrückt, aber doch wiederum nicht so tief, dass er ein blinder Anhänger des grossen

Stagiriten gewesen wäre. Unverkennbar ist auch der geistige
Einfluss Abälard's auf Bacon.

Es kehren bei unserem Philosophen, bewusst oder unbe-
wusst, dieselben Gedanken wieder, die 100 Jahre vor ihm
jener grosse Meister des religiösen Freidenkens und der ra-
tionalen Aufklärung ausgesprochen hat, und man kann daher
wohl trotz mancher Verschiedenheiten zwischen beiden Abälard als den Vorläufer und geistigen Vater Bacon's bezeichnen.

Andererseits lassen sich Anklänge an die Baconische Philosophie bis in die Philosophie der Neuzeit verfolgen. Die
ganze Entwicklung der neueren Philosophie von Cartesius
bis Wolff, welche dem Grundsatze huldigte: „Klarheit ist der
Massstab der Wahrheit", weist unverkennbar Spuren Baconischen Geistes auf. Wenn ferner der englische Deismus die
Grundsätze aufstellte: das Christentum ist eine positive Religion wie das Judentum und der Muhamedanismus. Es ist
ein Vorurteil, dass die christliche Religion allein die wahre
sei. In der Hauptsache sind alle positiven Religionen eins.
Diese Hauptsache ist die Naturreligion, die Religion des ge-
sunden Menschenverstandes. Die Grundlage der Naturreligion ist das sittliche Bewusstsein. Die Naturreligion war die
Urreligion — so sprach der Deismus nur in krasser Weise
aus, was Bacon s. Z. angebahnt hatte.

Besonders im 18. Jahrhundert, im Zeitalter des Rationalismus, werden Baconische Grundgedanken ausgestaltet in
dem Streben, den positiven, auf Offenbarung ruhenden Charakter des Christentums auf den allgemeinen, allen Religionen
zu Grunde liegenden Natur- und Vernunftglauben zurückzu-
führen. Selbst bei Kant kann man, wenn man will, etwas
von dem Geiste, der einst Bacon erfüllte, wiederfinden. Auch
er erkennt die Vernunft als das Höchste an und die Resultate des Vernunftglaubens als die einzig sicheren. Die christliche Religion hat nur Bedeutung für ihn, soweit sie Moral-
Religion ist; genau wie Bacon legt er auf die Moral den
Ton, und wie dieser will auch er nicht, mit dem positiven
Christentum brechen, sondern sucht den Vernunftglauben an

den Kirchenglauben anzuschliessen. Die Bibel hat nach Kant nur so weit Wert, als in ihr die ewigen Vernunftwahrheiten enthalten sind, diese sollen und dürfen in sie hineingedeutet werden. In noch höherem Masse wie bei Kant dürften sich bei Jacobi Anklänge an Bacon aufweisen lassen; zeigt sich doch gerade bei Jacobi jener Dualismus, der für seine Träger die Bezeichnung rechtfertigt: „Mit dem Herzen ein Christ, mit dem Verstand ein Heide". Während der Rationalismus Kant's ein moralischer ist, ist der Jacobi's als ein ästhetischer zu bezeichnen. Jacobi stellt nicht die practische oder theoretische Vernunft als Norm der Religion hin, sondern sucht letztere auf die Vernunft im Sinne von Gefühl zu gründen. In diesem Gefühl wird man Gottes unmittelbar gewiss. Dies ist die eine, ewig gleiche göttliche Offenbarung und Religion. Nur das, was der so gefassten Vernunft entspricht, ist wahr. Christus ist das Göttliche in uns.

So sehen wir auch hier bestätigt, was allgemein gilt: grosse Männer haben ihre Vorläufer und ihre Epigonen, wenn es auch nicht immer möglich ist, dies im Einzelnen bestimmt nachzuweisen. —

Lebenslauf.

Ich Friedrich Wilhelm Carl Pohl bin am 8. Juli 1854 in Neubrandenburg in Mecklenburg, wo mein Vater noch lebt, geboren und bekenne mich zur evangelisch-lutherischen Kirche. Nachdem ich das Gymnasium meiner Vaterstadt absolvirt, bezog ich Michaelis 1873 die Universität Rostock, um mich dem Studium der Theologie zu widmen. Hier hörte ich die Vorlesungen der Herren Professoren Dieckhoff, Philippi, Bachmann, Schulze. Michaelis 1875 bezog ich die Universität Leipzig, wo ich die Vorlesungen der Herren Professoren Baur, Delitzsch, Kahnis, Luthardt, Hofmann, Schmidt und Schürer besuchte. Ausserdem hörte ich in der Philosophie die Vorlesungen des Herrn Professor Strümpell. Allen diesen genannten Herren, von denen inzwischen schon manche entschlafen, bin ich für die geistige Anregung, die ich von ihnen empfing, herzlich dankbar. Michaelis 1876 beendete ich mein akademisches Triennium und war sodann ein Jahr Hauslehrer. Während dieser Zeit absolvirte ich die erste theologische Prüfung. Hierauf genügte ich meiner Militairpflicht als Einjährig-Freiwilliger. Nachdem ich sodann ein halbes Jahr als Conrector an der städtischen Schule zu Woldegk thätig gewesen, wurde ich als Rector der Stadtschule in Wesenberg berufen, welches Amt ich 5 ½ Jahre verwaltete. Bei Uebernahme dieses Amtes absolvirte ich die zweite theologische Prüfung. Michaelis 1884 wurde ich zum Pastor in Schillersdorf Allerhöchst ernannt, und stehe ich zur Zeit noch in diesem Amte.